0
zero
ศูนย์
suno

10
dieci
สิบ
sip

20
venti
ยีสิบ
yi sip

30
trenta
สามสิบ
sam sip

40

quaranta

สีสิบ

si sip

50

cinquanta

ห้าสิบ

ha sip

60

sessanta

หกสิบ

hok sip

70

settanta

เจ็ดสิบ

chet sip

80

ottanta
แปดสิบ
paet sip

90

novanta
เก้าสิบ
kao sip

100

cento
หนึ่งร้อย
nueng roi

1000

mille
หนึ่งพัน
nueng phan

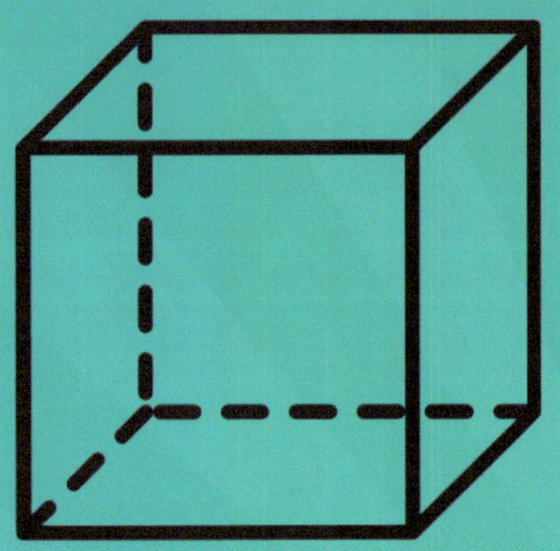

cubo
ลูกบาศก์
lukbat

blocco
บล็อก
blok

cubetto di ghiaccio
ก้อนน้ำแข็ง
kon namkhaeng

caramello
คาราเมล
khara men

zucchero
น้ำตาล

namtan

dadi
ลูกเต๋า

luktao

confezione regalo
กล่องของขวัญ

klong khongkhwan

scatola di cartone
กล่องกระดาษแข็ง

klong kradatkhaeng

sfera

ทรงกลม

songklom

pallina di gelato

ตักไอศกรีม

tak aisakrim

perla

ไข่มุก

khaimuk

bolla

ฟอง

fong

biglie
ลูกแก้ว
lukkaeo

pianeta
ดาวเคราะห์
daokhro

palla di neve
ก้อนหิมะ
kon hima

pallina da tennis
ลูกเทนนิส
lukthennit

cilindro

ทรงกระบอก

songkrabok

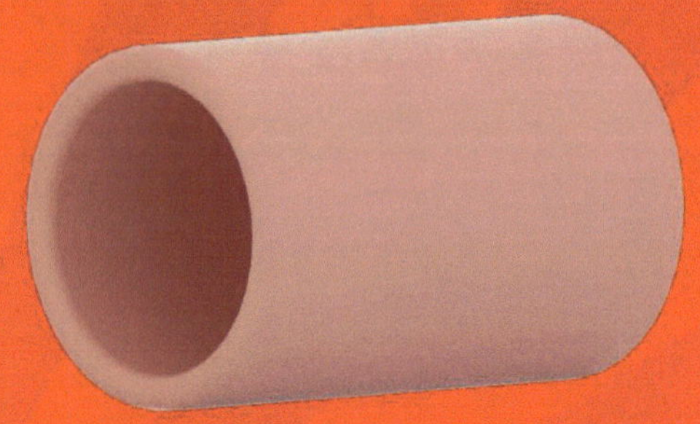

tubo

หลอด

lot

batterie

แบตเตอรี

baettoeri

rocchetto di filo

แกนด้าย

kaen dai

cannella
อบเชย
opchoei

mattarello
ไม้คลึงแป้ง
mai khlueng paeng

salsiccia
ไส้กรอก
saikrok

balla di fieno
ก้อนหญ้าแห้ง
kon ya haeng

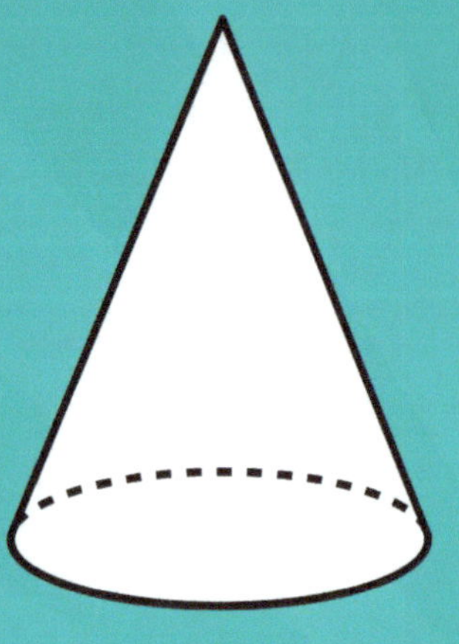

cono
กรวย
kruai

cono stradale
กรวยจราจร
kruaicharachon

cono gelato
โคนไอศกรีม
khon aisakrim

cappello da strega
หมวกแม่มด
muak maemot

maschio di castello

หอคอยของปราสาท

hokhoi khong prasat

abete

ต้นสน

tonson

cappello da festa

หมวกปาร์ตี้

muak pati

lumaca

หอยทาก

hoithak

mora
แบล็คเบอร์รี
blaek boe ri

ribes
ลูกเกด
lukket

clementina
ส้มคลีเมนไทน์
som khli men thai

durian

ทุเรียน

thurian

frutto del drago

แก้วมังกร

kaeo mangkon

giaco

ขนุน

khanun

carambola

มะเฟือง

mafueang

asparago
หน่อไม้ฝรั่ง

nomaifarang

ravanello
หัวไชเท้า

huachaithao

fagiolo rosso
ถั่วแดง

thuadaeng

rapa
หัวผักกาด

huaphakkat

manioca

มันสำปะหลัง

mansampalang

patata dolce

มันหวาน

man wan

ceci

ถั่วชิกพี

thua chik phi

aquila

นกอินทรี

nok-insi

pipistrello

ค้างคาว

khangkhao

castoro

บีเวอร์

bi woe

fenicottero

นกฟลามิงโก้

nok fla ming ko

corvo

อีกา

ika

merlo

นกแบล็กเบิร์ด

nok blaek boet

cinciarella

นกติ๊ดสีน้ำเงิน

nok tit sinamngoen

gazza

นกกางเขน

nokkangkhen

rondine
นกนางแอ่น
noknang-aen

allodola
นกจาบฝน
nok chap fon

parrocchetto
นกหงส์หยก
nokhongyok

picchio
นกหัวขวาน
nokhuakhwan

pavone

นกยูง

nokyung

pappagallo

นกแก้ว

nokkaeo

tucano

นกทูแคน

nok thu khaen

cicogna

นกกระสา

nokkrasa

corallo
ปะการัง

pakarang

anemone di mare
ดอกไม้ทะเล

dokmaithale

riccio di mare
เม่นทะเล

menthale

cavalluccio marino
ม้าน้ำ

manam

pesce pagliaccio

ปลาการ์ตูน

plakatun

pesce rosso

ปลาทอง

plathong

granchio

ปู

pu

paguro

ปูเสฉวน

pusechuan

delfino
โลมา
loma

narvalo
วาฬนาร์วาล
wan na wan

polpo
หมึกสาย
muek sai

calamaro
ปลาหมึก
plamuek

squalo balena

ปลาฉลามวาฬ

plachalamwan

orca

วาฬเพชฌฆาต

wanphetchakhat

balenottera azzurra

วาฬสีน้ำเงิน

wansinamngoen

beluga

วาฬเบลูกา

wan be lu ka

squalo martello

ปลาฉลามหัวค้อน

plachalamhuakhon

squalo bianco

ปลาฉลามขาว

plachalam khao

squalo limone

ฉลามมะนาว

chalam manao

squalo tigre

ปลาฉลามเสือ

plachalamsuea

cavalletta

ตั๊กแตน

takkataen

bruco

หนอนผีเสื้อ

nonphisuea

scorpione

แมงปอง

maengpong

lucertola

กิ้งก่า

kingka

dinosauri

ไดโนเสาร์

dainosao

capelli neri

ผมสีดำ

phom sidam

capelli rossi

ผมสีส้ม

phom sisom

capelli castani

ผมสีน้ำตาล

phom sinamtan

capelli biondi

ผมบลอนด์

phom blon

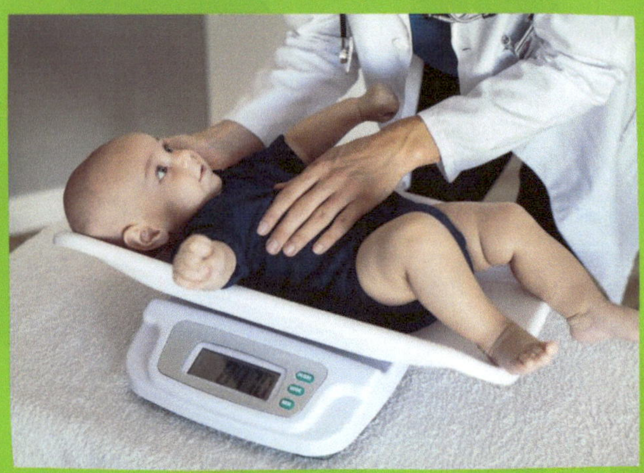

bilancia
ตาชั่ง

tachang

ospedale
โรงพยาบาล

rongphayaban

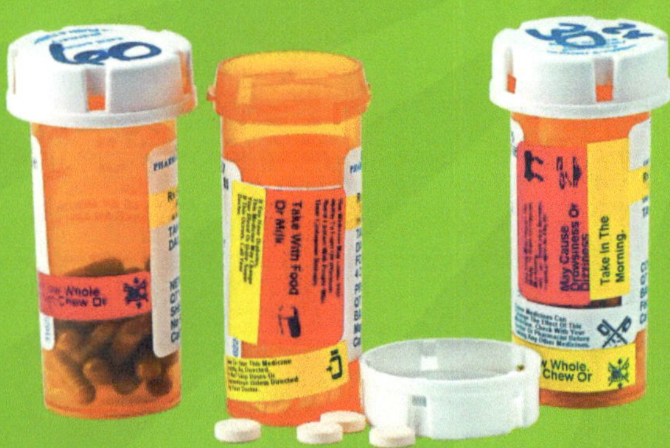

medicina
ยา

ya

termometro
เทอร์โมมิเตอร์

thoemomitoe

benda

ผ้าพันแผล

phaphanphaen

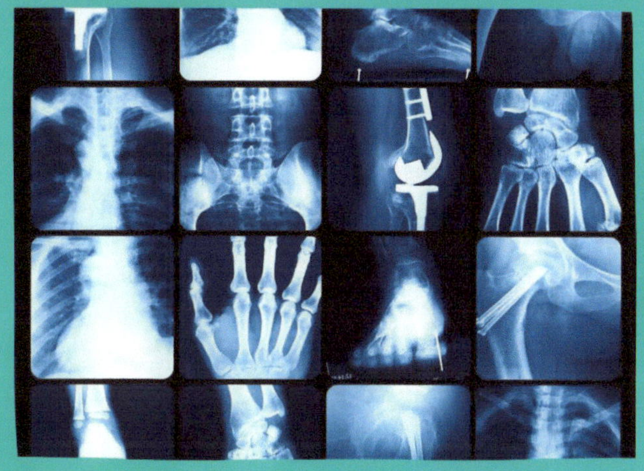

raggi x

เอ็กซเรย์

ek

dottore

หมอ

mo

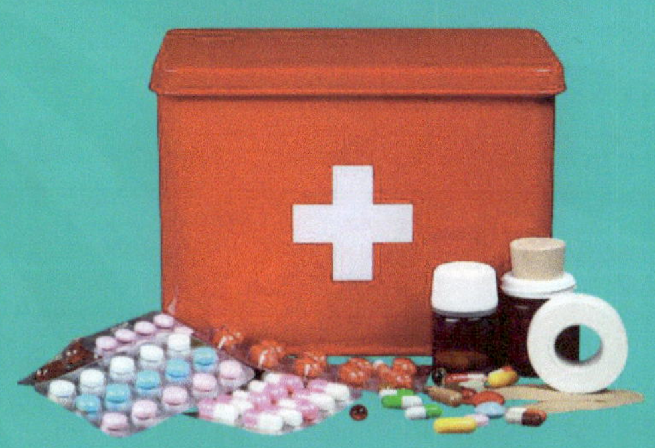

kit di primo soccorso

ชุดปฐมพยาบาล

chut pathomphayaban

giocare

เล่น

len

disegnare

วาด

wat

contare

นับ

nap

scrivere

เขียน

khian

danza
การเต้นรำ
kan tenram

nuoto
ว่ายน้ำ
wainam

sci
การเล่นสกี
kan len saki

pallacanestro
บาสเกตบอล
basketbon

tennis
เทนนิส

thennit

tennis da tavolo
ปิงปอง

pingpong

calcio
ฟุตบอล

futbon

equitazione
ขีม้า

khima

hockey su ghiaccio
ฮอคกี้น้ำแข็ง
ho khaki namkhaeng

judo
ยูโด
yudo

pugilato
มวย
muai

corsa
วิ่ง
wing

baseball
เบสบอล
betbon

cricket
คริกเก็ต
khorik ket

rugby
รักบี้
rakbi

pallavolo
วอลเลย์บอล
wonlebon

maracas
มารากัส
mara kat

tamburello
แทมบูรีน
thaem bu rin

xilofono
ไซโลโฟน
sailo fon

violino
ไวโอลิน

wai-olin

pianoforte
เปียโน

piano

chitarra
กีตาร์

kita

violoncello
เชลโล

chel lo

arpa
ฮาร์ป

hapo

tamburo
กลอง

klong

djembe
เจมเบ้

che

batteria
กลองชุด

klongchut

tromba

ทรัมเป็ต

thrampet

corno

แตร

trae

sassofono

แซ็กโซโฟน

saeksofon

flauto

ขลุ่ย

khlui

cuffie
หูฟัง
hufang

cantare
ร้องเพลง
rongphleng

spartiti
แผ่นเพลง
phaen phleng

microfono
ไมโครโฟน
maikhrofon